Kolofon
©Mathias Jansson (2019)
"Spökberättelser från timmerkojan och andra skrönor"
ISBN: 978-91-86915-39-1
Utgiven av:

"jag behöver inget förlag"
c/o Mathias Jansson
Tvärvägen 23
232 52 Åkarp
http://mathiasjansson72.blogspot.se/

Tryckt: Lulu.com

Ur Original och oväsentligheter - anteckningar av folklivsskildraren Helge Broman

Nedtecknaren

Så länge jag kan minnas
har jag gått runt med block och penna
innan jag lärde mig bokstavera
ritade jag vad jag såg
det blev streckgubbar av pappa
som sågade ved
nere vid älven
i den mörka vedboden
av mamma som hängde
tvätt på klädstrecket
mellan de kritvita björkarna

Sen när jag lärt mig orden
började jag nedteckna mina upplevelser
först små notiser
som med åren växte
och bredde ut sig till
fantastiska historier
och mustiga skrönor

Alla anteckningsblocken
har jag radat upp i bokhyllan
en minnesbank
med folklivsskildringar
av detta märkliga släkte
som kallar sig ådalingar
fast någon å är det inte frågan om
utan snarare en älv
som rinner genom dalen

Med åren har mitt rykte
som folklivsskildrare spridit sig
jag ända bort i Utansjö
har man hört talas om mig
och någon har sagt
att de hört mitt namn nämnas
i Härnösand

Nu vill jag inte förhäva mig
och jämföra mig andra stora skribenter
som den där Viksten från Sollefteå
vars skildringar av bastutunnan
blivit Hollywoodfilm
eller notisskrivaren i Avaträsk
som suttit i Akademien
men här i obygden
är jag inte helt okänd
för min livsgärning

Under min levnad
har jag alltså nedtecknat
allehanda levnadsöden
ett urval har jag valt ut
och samlat i denna lilla skrift
och som sig bör med dylika skrönor
så har sanningen
fått stå i skuggan
för de starka berättarkraften.

Norrländsk biografi

Jag föddes
och levde tills jag dödde
sen var de inte nå mer mä dä

Så löd Karl Peter Nymans biografi
han hade plitat ner raderna
på en servett
med blyertspennan
där stod det svart på vitt
allt som var värt att veta om honom

De fann servetten på köksbordet
själv låg han likstel i kökssoffan
där han en gång föddes
för 89 år sedan
en kall decemberkväll

I samma pinnsoffa
begravdes han
och Hanna från församlingshemmet
läste en dikt i kyrkan

I soffan blev han född
där dödde han sen
och så vart det inge mer mä dä
vila i frid Amen

Många nickade instämmande
över orden
för visst var det så
man föds och man dör

det var ju nåt som kunde drabba
var och en.

Hoppet

Många hade kommit den dagen
kylan var inte så farlig
vinden låg ju stilla
kvicksilvret låg och skvala
runt 20-strecket

Men de stod alla och glodde
upp mot toppen
där enbente Jan gjorde sig beredd
han balansera med hela kroppen
åskådarna stod dödstysta
inför hoppet

Så gled skidan nedför backen
fick upp farten
susade fram mot stupet
och precis vid avgrundskanten
hoppa han Janne ut
och svävade liksom örnen
innan han tog mark
vid åttiometersstrecket
ett sånt jubel det blev
och i tidningen skrev man en fin notis
med bild och allt
på den specialbyggda skidan.

Samlaren

På en rostig cykel
tog han sig fram
skräpsamlar Nils
med silvertejpade glasögon
tjocka som flaskbottnar

Han samlade burkar och flaskor
och det gick rykten
att madrassen hans vara knölig
av alla miljonerna
men inte såg han ut
som någon rikeman
med sin slitna, smutsiga Helly Hansen
och skägget inpyrt av nikotin
å inte ville han in på hemmet
bli tvagad av sköterskorna
och få rena kalsonger
nej han ville bara
cykla omkring
var fri och samla på sig
allehanda ting.

Erik Nyman

Nyfrälst och nykter
lämnade jag honom
vid Kyrkviken
jag har alltid undrat
vad som hände honom
efter mötet med
Per från Skogen
och en flaska Koskenkorva

I tidningen läste jag en notis
att hembrännaren Erik Nyman
sadlat om och blivit knallare
som nu reser runt och förkunnar
Guds ord och säljer björnkorv

Flera år senare
mötte jag honom på Nätra marknad
han var sig lik
men han blev visst förnärmad
när jag frågade om
det var björnen i myrstacken
som han nu krängde
istället för sin hembrända sprit.

Bandyspelaren

Alla minns matchen
på bandyplan i Sandviken 68
i division 4 mot Nyland
då Bandy Berra gjorde 22 mål

Den orangea bollen
låg som klistrad på bladet
och Bandy Berra han
dribblade bort allt motstånd
när han flög fram på isen

Sedan visade det sig
att han använt klister på bladet
och han blev avstängd för fusk

Året därpå började han sälja bandyklister
det blev en stor succé
den gick att köpa på postorder
och fanns med i katalogen
från Robert Lind i Lunde.

Den misslyckade poeten

Skulle jag inte sörja vore jag tokot
så började alltid
Bjärtråpoeten Holger Näsman
sina uppläsningar på sockenbiblioteket

Ja, här står man och harvar
i mellanmjölksträsket
nedsjunken till halsen
i sin egen oförmåga

Jag förbannar min moder och min fader
att de sökte sig till samma säng
att jag föddes till en medelmåtta
om jag ändå fötts
som obildad idiot
utan någon litterär ambition

Varför valde jag inte att följa fru Dygd
och började på brädgårn som far min
där försörjningen varit trygg
istället för den svåra poesin
så aldrig går hand i hand
med en balanserad ekonomi

Nåväl hade jag ändå varit genial
kunde jag ha uthärdat fattigdomen
men när den historiska domen
avkunnas av de lärda
ja då lär inte mitt namn synas där
jag får vara glad om jag ens omnämns
i lokaltidningens dödsannons

Om jag ändå aldrig smakat
den bitterljuva lyriska källan
och i min ungdoms oförstånd
lockats i den poetiska fällan
för sällan har något lidit
som jag
den medelmåttiga poeten
som aldrig blir invigd
i den innersta hemligheten

Att ständig påminnas
om att man aldrig förmår
att man aldrig någonsin når
den högsta nivån
i den gudomliga konsten
att skriva poesi som alla älskar
men ingen jävel förstår.

Det norrländska testamentet

Frikyrkopastor Fredriksson
stod på självaste palmsöndagen
och predikade
för församlingen i Kramfors
när kroppen hans genomskalv
och han utbrast
till allas förvåning:

Jag tror inte längre
nej, själva tvivlet
genomsyrar allt
på vad den heliga skriften förkunnar
ja, inte på själva berättelsen
utan på den felaktiga geografin

En lustgård en gång i tiden fanns
med en Eva och en Adam
som levde i en paradisisk tillvaro
men var skulle ett sådant paradis
kunna vara
om inte borta vid Dämsta
där det är himmelskt att vara

Och nog flydde Moses och hans skara
från den hårda fångenskapen
men Egypten tror jag inte det va
utan snarare Stockholm
som alla vet
är ett gudlöst land

Färden gick sedan norrut
längs kusten
tills de nådde Dalälven
där Moses med sin stav
delade de forsande massorna
så de torrskodda kunde komma
hem till det förlovade land
som inte var Kanaan utan Kramfors

Och nog steg Moses upp på berget
men inte var det på Sinai
där han mottog herrens bud
nog hände det ändå väl
på Skulebergets topp
med sin underbara vy
med en midnattssol i skyn

Och vår herre Jesus Krist
inte föddes han som det är sagt
i ett stall i Betlehem
utan i en vedbod borta i Bjärtrå
där han mottog gåvor
från tre visa män
som färdats hela vägen från Härnösand

Och en varm midsommarkväll
vid bröllopet i Väja
tog Kristus fem pären
och två fiskar
och utfodrade hela byn
med brännvin och surströmming
det är väl ändå något
som bara kan ha hänt

i Ångermanland

Men när han fästes på korset
då måste de ha skett någon annorstädes
för i min själ så kan jag inte tro
att något så gräsligt hänt
i den norrländska bygden
men uppståndelsen
det största av alla mirakel
ja, det kan ju vem som helst förstå.
att den skedde här runt knuten
borta vid kyrkan i Gudmundrå.

Sjömannen

Borta vid sitt bord
vid Westerlunds konditori
med utsikt över Sandöbron
där satt han varje dag
med en slätbulle
drack svartkaffe på fat
med en sockerbit
mellan läpparna

Såg bort över älven drömmande
satt där med uppkavlade ärmar
fyllda med äventyr
en brigg i storm
mot främmande land
en hula-hula flicka
dansande under en palm

Sjöman Jansson var hans namn
men sedan länge
hade han gått i land
satt nu ensam och drömde
men slog du dig ner en stund
väcktes en gnista
och ur hans mun
strömmade historier
från jordens alla hörn
om skeppsbrott
på en vulkanö
och om sjöjungfrur
som simmade
längs fartygets för.

Djuphålet

Varje fredag satt han och ljög
i bastun med de andra
det var Wickman, Näslund
Bodström, Jakobsson
och de två dövstumma

Så började han, Sven-Olof
att berätta sin skröna:

Minns ni Nils Carlsson
han som hade huset
borta vid Ödskurvan
han var en begiven fiskare
och en kväll i augusti
tåg han båten ut till Grusholmen
lät sänket sjunka ner i djuphålet

Sent på kvällen högg det till
det var som om en surstock
satt fast på kroken
i timmar slet han med fångsten
i gryningen såg han en skugga
som blänkte till
men precis när han trodde
fångsten var i hamn
ett sista ryck av besten
spöet slets ur hans hand
och försvann ner i djupet

När han kom hem
var han inte densamma

la spöna på hyllan
och ville aldrig tala om
vad han hade sett i djupet
det var hustrun hans Anna
som berättade historien för mig
avslutade Sven-Olof
medan de andra satt stilla
i värmen och teg.

Vedhuggaren

På vedbacken stod Näslund
och filosoferade
han la björk, asp och gran
på huggkubben
svingade yxan och tänkte
livets dagar är som vedklabbar
vissa är sura och tvära
svår att ha att göra med
andra torra och fina
och sprätter lätt i tu
men ibland stöter man på en kvist
och då sitter yxan fast
då får man slita hund
och i värsta fall
använda slägga och kil
för att ta sig vidare

Ja, livet är ett ständigt slit
där dagarna klyvs och läggs på hög
och inget kan man spara
för varje kubik
som läggs i vedpannan
brinner upp
allt som man får ut
är en kort stund av värme
och en hink med aska.

Träjesus

Det hände sig i hjortrontider
Frikyrkopastor Fredriksson gick vilse
på Finnmarksmyrarna
trött, blött och svettig
stod han tvivlande
när höstmörkret sänkte sig över honom

Då såg han ljuset
en glödande buske
fylld med gyllene Snåtterbären
och han hörde rösten:

Vad är det för beläte
ni hängt i den himmelska salen
en styggelse beställd från Stockholm
en krämares pråliga avbild av sonen

Sök dig ner till vattnet
och för dig ska uppenbaras
den sanna och enda Jesus Krist

Förvirrade kom Fredriksson
sent hem den kvällen
och dagen därpå
sökte han sig ner till älven
för att vid den spegelblanka ytan
promenera och kontemplera

Då kom där ett kors drivande
av två ihopsurrade plankor
och bredvid en märklig drivveds sak

19

som på pricken liknade den korsfäste
och från den dagen hänger
en träjesus i ett par snören
från frikyrkosalens tak.

Ljuset

Jag har varit död
och återuppstått
ljuset har jag sett
så inledde pastor Fredriksson
påskdagens predikan

Det hela handlade om honom själv
född i Ytterlännes socken
av en lantbrukssläkt
själv bonde under många år
innan blixten en dag slog ner
rakt i skallen på honom

Han var död i tio minuter
innan man lyckades få liv i honom
uppstånden från de döda
var han sig inte lik
sa han hörde röster och såg syner
och började förkunna på byn
innan han lät prästviga sig i Härnösand

De berättades att lamporna
började fladdra när han gick förbi
och en kall torr vinterdag
gick en stöt genom kroppen
när man tog honom i hand
och några kunde svära på
att det sett honom glöda i natten
upplyst av ett himmelskt ljus
när han gick ut med hunden på byn.

Avsked

Nu lägger jag ned pennan
sätter tillbaka
anteckningsboken i hyllan
lämnar mina vänner
åt glömskans skuggor
papprets långsamma nedbrytning

Utanför fönstret
smyger kvällen redan omkring
kaminen sprakar
och kastar långa skuggor
på väggen

Kanske återvänder jag
än en gång
till mina hemtrakter
till nostalgins svalkande brunnar
till melankolins milda minnen

Det finns ännu många
människoöden att skildra
berättelse att berätta
historier att upptäcka
men krafterna sviker
åldern tar ut sin rätt
jag märker hur döden
redan har påbörjat
sista kapitlet på min berättelse.

Spökberättelser från timmerkojan

Besökaren

Utanför ven snöstormen
de tre skogshuggarna
kröp allt närmare kaminen
som flämtade ansträngt i kylan
en flaska gick runt
för varje klunk tinades lederna
tinades de tunga sinnena upp

Jonte såg på sina kamrater
deras väderbitna ansiktsdrag
som var utmejslade i skugga
och han började långsamt berätta

Jo, si ni, det var en kväll
som den här
vinden ven och visslade
utanför timmerstugans knut
kvicksilvret kröp väl ner mot minus 30
midnattstimman kröp sig närmare
när det plötsligt bankade på dörren
och han svepte in med snö och kyla
stod still mitt bland oss
häpna finnmarkshuggare

Ur den tjocka pälsen
tog han fram flaskorna och kortleken
vi drack och spelade hela natten
framemot morgonkvisten
var potten på bordet ofantlig hög
korten på handen verkade säkra
och allt som krävdes var en signatur

på en skuldrevers
för att syna besökarens hand

Pennan låg mot pappret
när ur kojans mörkaste hörn
hördes ett vrål
-Vik hädan Beelzebub inför Herrens ord
Det var Gottlund som legat och sovit
som nu stod framför oss
med sin bibel i högsta hugg

Dörren slängdes upp
och besökaren försvann
i all hast ut i stormen
länge hängde lukten av svavel
sig kvar i stugan
ja, som ni förstår
var det hin håle själv
som suttit runt bordet
och vi hade nästan spelat bort våra själar
om inte Gottlund räddat oss.

Tok-Anders

Ni vet tok-Anders
började Erik sin berättelse
han som irrar omkring på byn
och pratar för sig själv
så har det inte alltid varit
en gång var han en
respekterad timmerman

De sägs att han en sommar
högg skog borta vid Lomtjärnen
där det i ett par pörten
bor ett märkligt släkte
det har i generationer viskats om
osunda äktenskap och trolldom

Det var en ljuv och ljum sommarnatt
när han Anders kom ut från skogen
han såg den runda tjärnens svarta rand
och hörde ett lågt mummel från dess strand
märkliga gängliga gestalter
stod församlade runt en stor svart sten
de sjöng och talade med varann

Luften vibrerade liksom av elektricitet
som innan ett stort åskväder
och skogen låg onaturligt tyst och stum
plötsligt började den spegelblanka ytan
att krusa sig
och för ett ögonblick
färgades tjärnens yta röd

Ur dess bottenlösa djup
syntes en fasansfull gestalt
ett skräckinjagande jätteöga
stirrade upp mot skyn
det kändes som om
en obeskrivlig skräck
genomsyrade allt

Skräckslagen och vansinnig
irrade han i fler dagar omkring
mumlande och yrande
innan han hittades
och fördes tok-galen hem till byn.

Gruvan

Den ser inte mycket ut för världen
en vanlig bergvägg
bortåt Dynäs
täckt med sly
men för länge sen
fanns här en gruva
en bortglömd historia nu

Jonte sa tyst och drog på det
satte flaskan mot läpparna
tog en sup innan han började berätta

Någon tokot hade fått för sig
att där fanns en förmögenhet
men alla visste att det var lönlöst
det fanns inget av värde
men arbetstillfällena
tackade man inte nej till

I månader grävde man
och höggs sig ner
genom berget
genom granit, gnejs och gråsten
men en hundra meter ner
tog det plötsligt stopp

Ett märkligt block låg i deras väg
så olikt och främmande
allt tidigare de hade sett
svart och slät
och mystiskt på alla sätt

28

Under stor möda och svett
fördes det upp till ytan
men sen gick allt snett

Gruvgången rasade ihop
många kom aldrig ut
de som flyttade stenen
de blev sjuka
fick utslagen och febern
och dog till slut

Vart stenen tog vägen sen
det är det ingen som vet
men jag kan säga er ordagrant
vad Sven, bror min sa
när han låg på dödsbädden sin
och krampaktigt kramade handen min:
"Skräcken, det är skräcken
som vi har släpat ut
det är skräcken vi släppt ut
från vansinnets svarta djup."

Ödetorpet

Johan la in en snus
stoppade in en vedklamp
i kaminen som var illröd
och så började han tala

Vägen stängde de av
för länge sedan
den går knappt att se
igenvuxen som den är

Ett par kilometer
inåt den täta skogen
bortåt Sågmon
ligger Ödetorpet
käringen som bodde där
borde varit dö för länge sen
men ändå hände det
att det syntes ljus i fönstret
och någon hade sett
en gardin som fladdrat till
av en skugglik gestalt

Lill-johan, Johansson son
han hade hört berättelserna
och han var en nyfikna fan
så han smög sig dit upp
efter skolan en dag

Ställde sig på tå
och drog sig upp vid fönsterblecket
för att kunna kika in

men det var mörkt och skumt
så han tog modet till sig
och beslöt att gå in

Plankorna i golvet knarrade
och det doftade fränt
som om någon dött
så steg han in genom dörren
till stugans enda rum

Samtidigt smög sig solen fram
kastade sitt sken
genom den smutsiga rutan
och lyste upp stugan

Där satt käringen i sin gungstol
förtorkad som en mumie
och skrockade elakt
och Lill-Johan han la benen på ryggen
och sprang hem för glatta livet

Hur vet jag hur det va?
jo, det vet jag
för Lill-Johan det var jag.

Den mörka skogen

Ni har alla hört berättelserna
om Näcken, Huldran
lyktgubbar, troll och sånt
men det finns väsen
som aldrig nämns vid namn
som ingen någonsin har sett

Men det finns de som känt
den fruktansvärda skräcken
som smyger omkring
i de mörka finnmarksskogarna

En som upplevt det
det är far min
Jonte såg ut genom fönstret
täckt med snödrevet
innan han fortsatte sin berättelse

Det var en sommar
för många många år sen
far var uppe vid Lutmyran
för att hässja höet
han satt och åt kvällsmål
korngröten med en klick smör i
när hunden fick fnatt
och började skälla som besatt
på fönstret såg han
hur rimfrosten spred sig
och mitt i sommarens hetta
kröp den kallaste kylan in i stugan
en kyla som gick genom märg och ben

Ett mörker sänkte sig över honom
den värsta ångest han känt
tog strypgrepp om hans liv
och så var det plötsligt förbi
dan därpå såg han i gräset
hur något gått förbi på ängen
och allt var dött där
det skulle dröja flera år
innan något växte där igen

Far sa alltid att det han känt
inte gick att beskriva
det var som om någon
tagit en bit av hans levnadslust
och han hävdade bestämt
att det var den stora skräcken
som hade gått förbi.

Den återfunna

Erik tog den sista slurken ur flaskan
harklade sig och började
på sin historia

I början av seklet var det en pojke som försvann
i skogen kring Björnberget
man antog han tagits av björnen
för han hittades aldrig

På 40-talet var mors syster
ute och plocka lingonen
med familjen
då de hörde ropet
en barnröst som ropa på hjälp
de sökte och sökte
och fann till slut vid foten
av en uråldrig gran
ett hål rätt ner i underjorden

De knöt samman livremmarna
och kunde efter mycket möda
dra ut pojken ur djupet

Pojken hävdade bestämt
att han ramlade ner i hålet 1895
de lyckades till slut hitta pojkens mor
och det blev en märklig syn
hon var nästan 87
och pojken knappt sju
men hon kände genast igen sin son

Pojken berättade att han hört
någon kalla på honom i skogen
och sett en vacker ung flicka
som han följt efter
och sedan fallit ner i hålet
och sedan suttit fångad
hos de underjordiska
men till slut hade han lyckats fly
men de ville inte släppa taget
men tack vare min mors systers livrem
som hade ett silverspänne
hade förtrollningen brutits
och han kommit hem till slut.

Gubben grubblar

Sitter nere vid bryggan
och grubblar
ser på tjärnen
skogen, bergen och stjärnorna
och jag fylls av en oändlig tystnad

Jag tänker på Wittgenstein
det jag inte kan uttrycka
sägs i tystnaden

Språket når inte längre
än vad jag förmår
och det jag inte vet
är inte värt att talas om

Varje dag sitter jag på samma plats
och ser på samma sak
men är himlen regngrå
eller klarblå
blir det olika saker ändå

När kråkan kraxar i sin grantopp
uppskattar jag samtalet
men jag förstår inte
vad hon vill ha sagt

Min filosofi är enkel
ja rent av banal
det är som det är
allting annat är
bara ett grubblande tidsfördriv
och ett slöseri med tid.

När jag sitter vid fönstret
med min kaffekopp
och tänker att nu fan
ger jag upp

Brukar jag ta fram
en tummad volym av Schopenhauer
det är läsning
som lindrar själen
för en norrländsk pessimist

För visst pendlar livet
mellan händelselösa dagar
och dagar som är förjävliga
och inte verkar det finnas
något mål eller mening
med eländet

En viss tröst kan jag få
genom att plita ner
några rader poesi
och läsa någon skrift
men tröstlöst är det iallafall
ett liv i ensamhet

En dag känns som ett helt liv
man föds till en ny morgon
med kaffe, knäckebröd med smör
till lunch har man åldrats
medan man äter fil och kanel
och under nattens sömn
ja, då dör man utan tvekan
en liten bit.

Ett par timmar sudoku
får tiden att gå
men att hitta de perfekta numren
är lika svårt som hitta goda vänner

Det finns så många tankar och idéer
om meningen med allting
ibland tror jag att smulorna
på bordet framför mig
säger mer om världen
än all världens filosofi

Men så länge man sitter
och grubblar
så finns man i alla fall till
och snart är det middag
och då ska jag äta
potatis med stekt sill.

Länge har jag stirrat in i elden
den sprakande avgrunden framför mig
men jag försöker undvika
att bli bitter och elak
som alla dem som förtalat mig

Jag vandrar istället runt sjön
njuter av naturen
och vrider på alla de tankar
som samlas inom mig

Men i naturen ser jag ingen gud
inget allvetande väsen
bara en strävan att överleva
och hitta en mening
där det inte finns någonting.

Fantasin är en mörk tjärn
utan stränder och fyrar
på botten ligger
drömmarna som drunknat

Jag sitter stilla i ekan
medan den sakta sjunker
för jag vet
att jag aldrig kommer
att simmar två gånger
i samma vågor

Man lever varje dag
av sitt liv
och ingen av dem
är den andra lik
det är bara livet
som är sig likt

Men nu ska jag tiga
för tystnaden
är det bästa argumentet
för en obildad idiot
som vill framstå
som ett grubblande geni.

www.ingramcontent.com/pod-product-compliance
Lightning Source LLC
Chambersburg PA
CBHW030311030426

42337CB00012B/668